Impressum
Verlag: BABADADA GmbH, Nedderfeld 112 , 22529 Hamburg
Geschäftsführer / Verlagsleitung: Harald Hof
Druck: Books on Demand GmbH, In de Tarpen 42, 22848 Norderstedt

Imprint
Publisher: BABADADA GmbH, Nedderfeld 112 , 22529 Hamburg, Germany
Managing Director / Publishing direction: Harald Hof
Print: Books on Demand GmbH, In de Tarpen 42, 22848 Norderstedt

escuela

yachay wasi

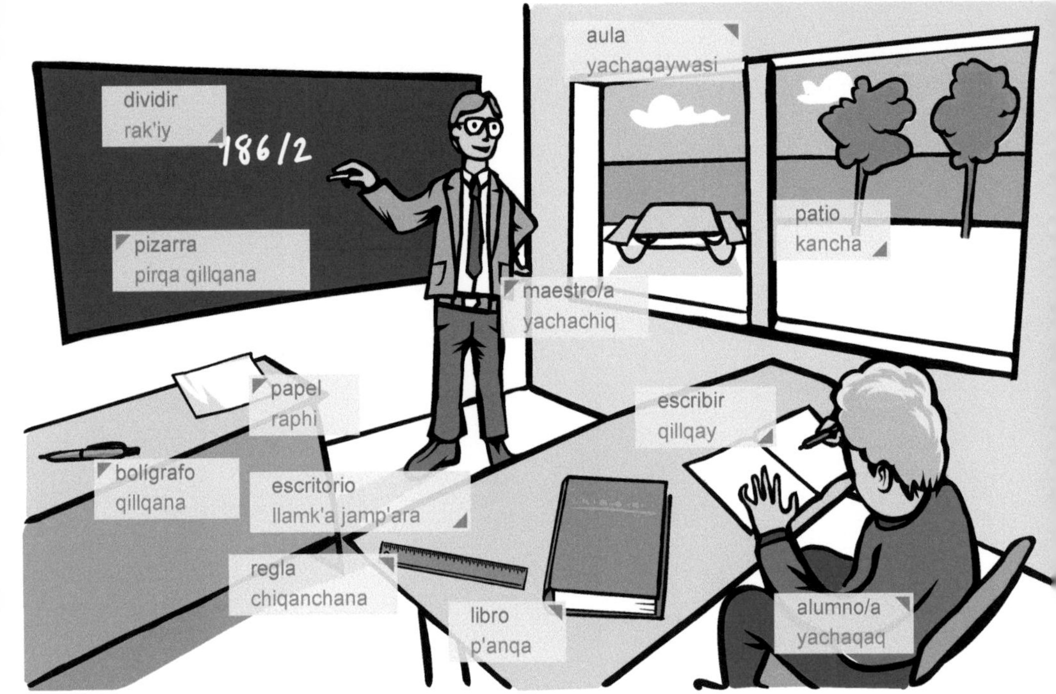

aula
yachaqaywasi
dividir
rak'iy
186/2
pizarra
pirqa qillqana
patio
kancha
maestro/a
yachachiq
papel
raphi
escribir
qillqay
bolígrafo
qillqana
escritorio
llamk'a jamp'ara
regla
chiqanchana
libro
p'anqa
alumno/a
yachaqaq

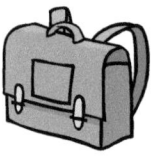

cartera

wayaqa

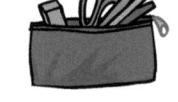

caja de lápices

p'uktaki llimp'i qillqana

lápiz

yana qillqana

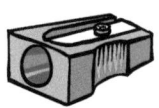

sacapuntas

ñawch'ina

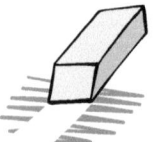

goma de borrar

qillqakhituna

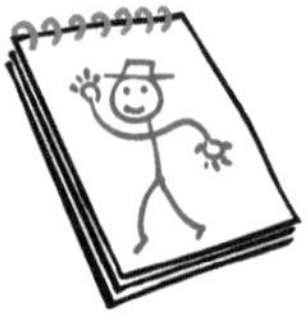

cuaderno de dibujo

qillqana p'anqa siq'inapaq

dibujo

siq'i

pincel

chukcha llimp'ina

caja de pinturas

p'uktaki llimp'ikuna

tijeras

k'utuna

pegamento

k'akachana

cuaderno de ejercicios

qillqana p'anqa ruwanakuna

deberes

kamachinakuna

número

yupay

sumar

yapay

restar

qhichuqay

multiplicar

mirachay

calcular

yupanchay

letra

sanampa

alfabeto

sanampakuna

palabra

simi rimay

texto

qillqa

leer

ñawiriy

tiza

iskuna

lección

yachachina

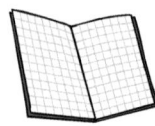

cuaderno de notas

qillqana p'anqacha

examen

chaninchana

certificado

certificaru

uniforme escolar

uniforme

educación

yachay

enciclopedia

jatun simi pirwa

universidad

Jatun yachaywasi

microscopio

microscopio

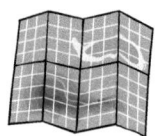

mapa

saywa siq'i

papelera

raphi chuqana

viaje
ch'usay

hotel
tampu wasi
albergue
qurpa wasi
ROOMS
EXCHANGE
oficina de cambio de divisas
qullqi rantina wasi
maleta
p'acha churana
coche
kuchi

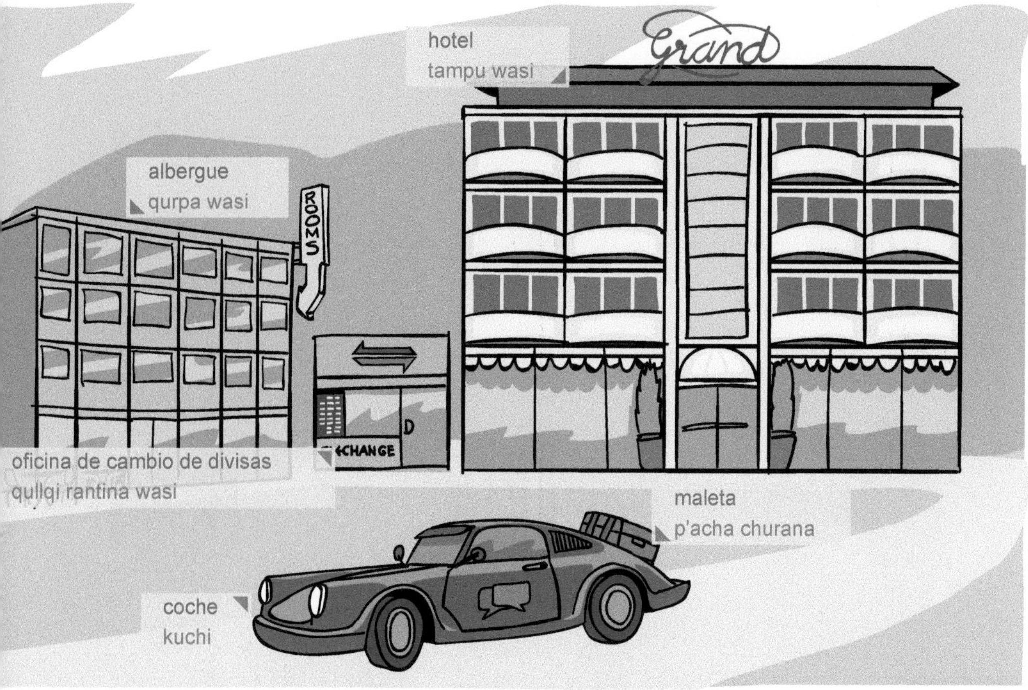

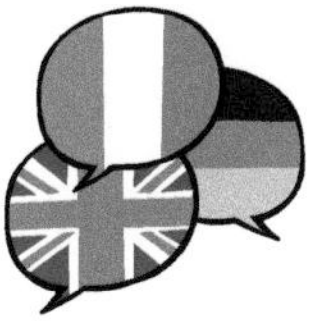

idioma

simi

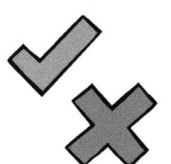

sí / no

ari / mana

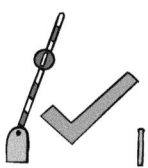

Vale

ari

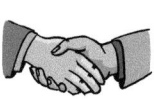

hola

Imaynalla

traductor

tikraq

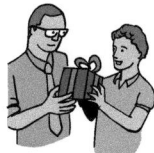

Gracias

Pachi

¿cuánto es...?

¡Machkhataq?

No entiendo

Mana yachanichu

problema

ch'ampay

¡Buenas tardes!

¡Allin tuta!

¡Buenos días!

¡Allin P'unchaw!

¡Buenas noches!

¡Allin tuta!

adiós

tinkunakama

dirección

pusachay wasi

equipaje

q'ipi

bolsa

wayaqa

mochila

wasa wayaqa

invitado

jamuynisqa

habitación

wasi

saco de dormir

puñunapaq wayaqa

tienda de campaña

tienda

información turística

turismu willakuy

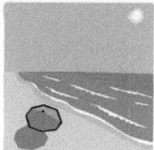

playa

quchapata

tarjeta de crédito

tarjita kriditumanta

desayuno

paqarin mikhuy

almuerzo

chawpi p'unchaw mikhuy

cena

tuta mikhuy

billete

qullqi

ascensor

makina wicharinapaq

sello

unanchana

frontera

saywa

aduana

adwana

embajada

imwajada

visa

visa

pasaporte

pasapurti

transporte
astana

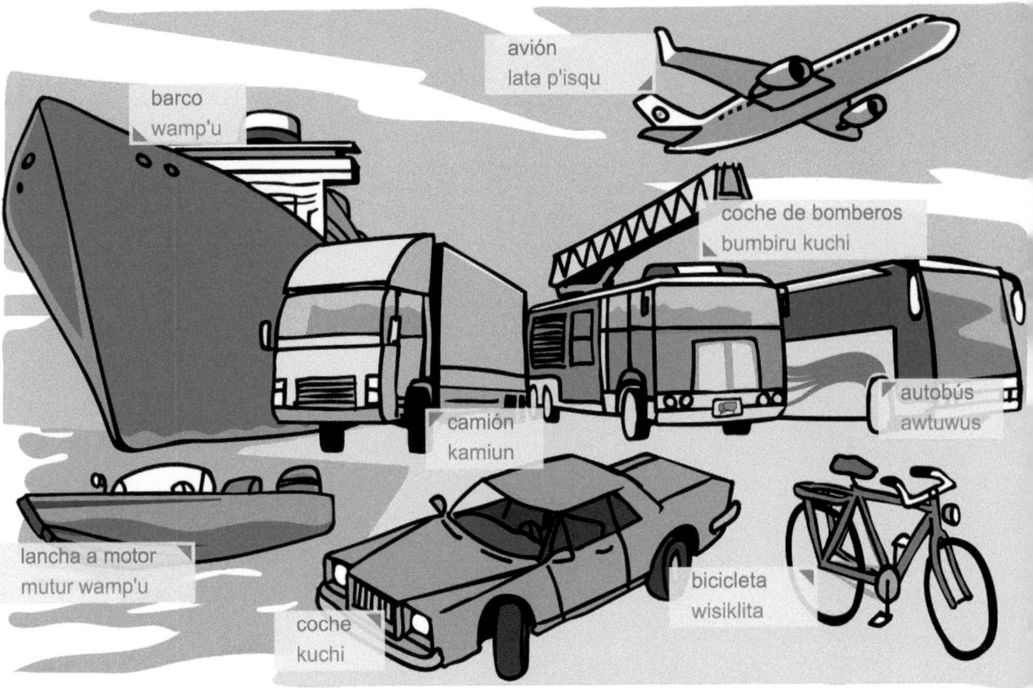

avión
lata p'isqu
barco
wamp'u
coche de bomberos
bumbiru kuchi
autobús
awtuwus
camión
kamiun
lancha a motor
mutur wamp'u
bicicleta
wisiklita
coche
kuchi

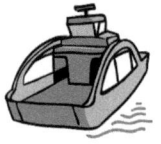

transbordador

quchacha

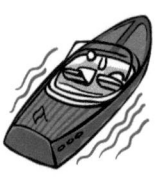

barca

wamp'u

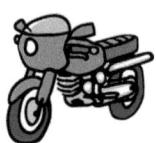

moto

mutu

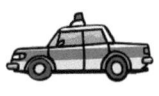

coche de policía

pulisiyap autun

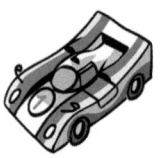

coche de carreras

usqay karru

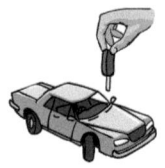

coche de alquiler

kuchi manukuna

préstamo de vehículos

kuchi manu

grúa

grua

camión de la basura

q'upa kamiun

motor

mutur

gasolina

gasulina

gasolinera

gasulinamanta istasiun

señal de tráfico

chakatana sanampa

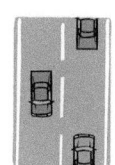

tráfico

trajiku

atasco

chakatana

aparcamiento

istasiun

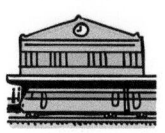

estación de tren

trin estasiun

vías

ñankuna

tren

trin

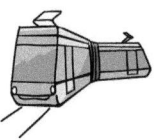

tranvía

tranwia

vagón

wagun

helicóptero

ilikuptiru

aeropuerto

lata p'isqu kiti

torre

pukara

pasajero

pasaqlla

contenedor

jatun p'uktaki

caja de cartón

karton p'uktaki

carretilla

kapachu

cesta

isanka

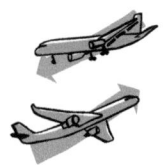

despegar / aterrizar

phaway / uray

ciudad

llaqta

pueblo

llaqta

centro de ciudad

chawpi jatun llaqta

casa

wasi

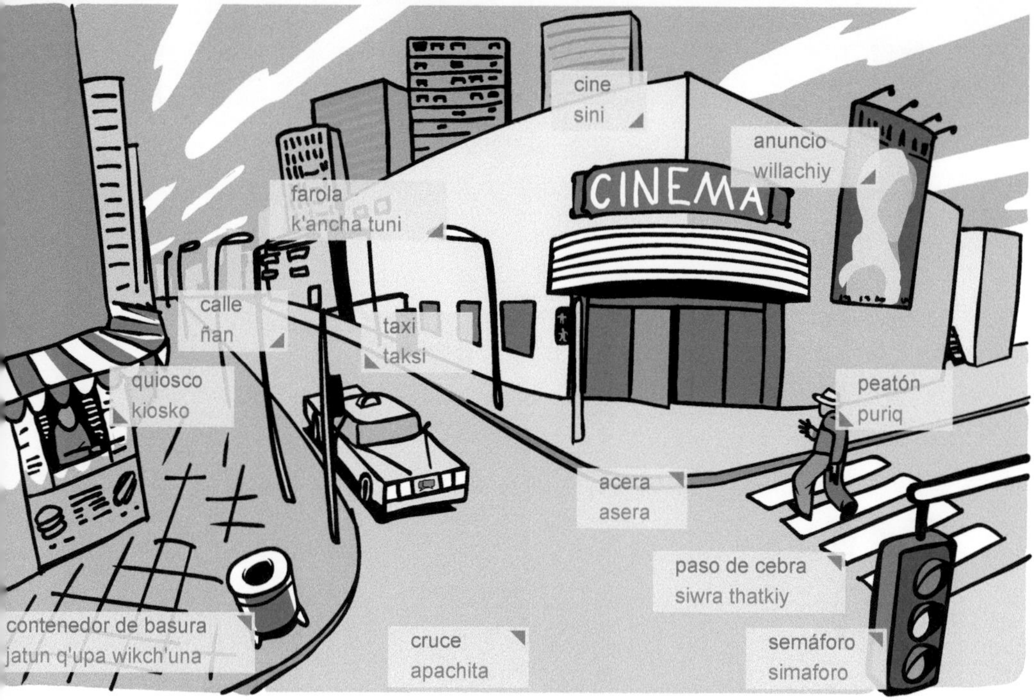

cine
sini

anuncio
willachiy

farola
k'ancha tuni

CINEMA

calle
ñan

taxi
taksi

quiosco
kiosko

peatón
puriq

acera
asera

paso de cebra
siwra thatkiy

contenedor de basura
jatun q'upa wikch'una

cruce
apachita

semáforo
simaforo

cabaña

ch'ullka

apartamento

apartamento

estación de tren

trin estasiun

ayuntamiento

tantanakuy wasi

museo

rikuchina wasi

escuela

yachay wasi

universidad

Jatun yachaywasi

banco

qullqi pirwa

hospital

Jampina wasi

hotel

tampu wasi

farmacia

jampi ranqhana wasi

oficina

ujisina

librería

p'anqa pirwa

tienda

tienda

floristería

t'ika wasi

supermercado

jatun qhatu

mercado

qhatu

grandes almacenes

jatun pirwa

pescadería

challwa wasi

centro comercial

jatun rantina wasi

puerto

wamp'u qhispinan

parque

jark'asqa chiqan

banco

qullqi pirwa

puente

chaka

escaleras

wichana

metro

metro

túnel

suqhu

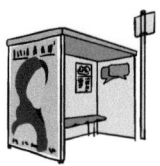

parada de autobús

autuwus sayana

bar

bar

restaurante

mikhuna wasi

buzón

willa qillqa juch'uy wanqara

poste indicador

t'uqsi tuni

parquímetro

parkimetro

zoo

jatun uywa kancha

piscina

armakuna

mezquita

meskita

granja
chakra wasi

contaminación
pacha unquchiq

cementerio
Aya pampa

iglesia
iñiy wasi

patio de juego
pukllana kancha

templo
Qhapana

paisaje
wanlla

hoja
raphi

señal
sanampa

camino
ñan

prado
waylla

piedra
rumi

excursionista
puriq runa

árbol
sach'a

río
mayu

hierba
sach'a

flor
t'ika

valle

qhichwa

colina

muqu

lago

qucha

bosque

Sach'a sach'a

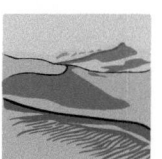

desierto

purun

volcán

nina phuqchiq urqu

castillo

kastilla wasi

arcoíris

k'uychi

champiñón

champiñun

palmera

chunta

mosquito

ch'uspi

mosca

ch'uspi

hormiga

sik'imira

abeja

wara

araña

kusi kusi

escarabajo

ch'iqi

rana

k'ayra

ardilla

artilla

erizo

askanku

liebre

liwre

lechuza

ch'usiqa

pájaro

p'isqu

cisne

yuku p'isqu

jabalí

sintiru

ciervo

sierwu

alce

alsi

presa

waykhasqa

turbina eólica

wayrakallpa

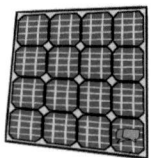

panel solar

inti panil

clima

pacha wayra

restaurante
mikhuna wasi

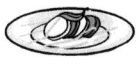

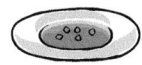

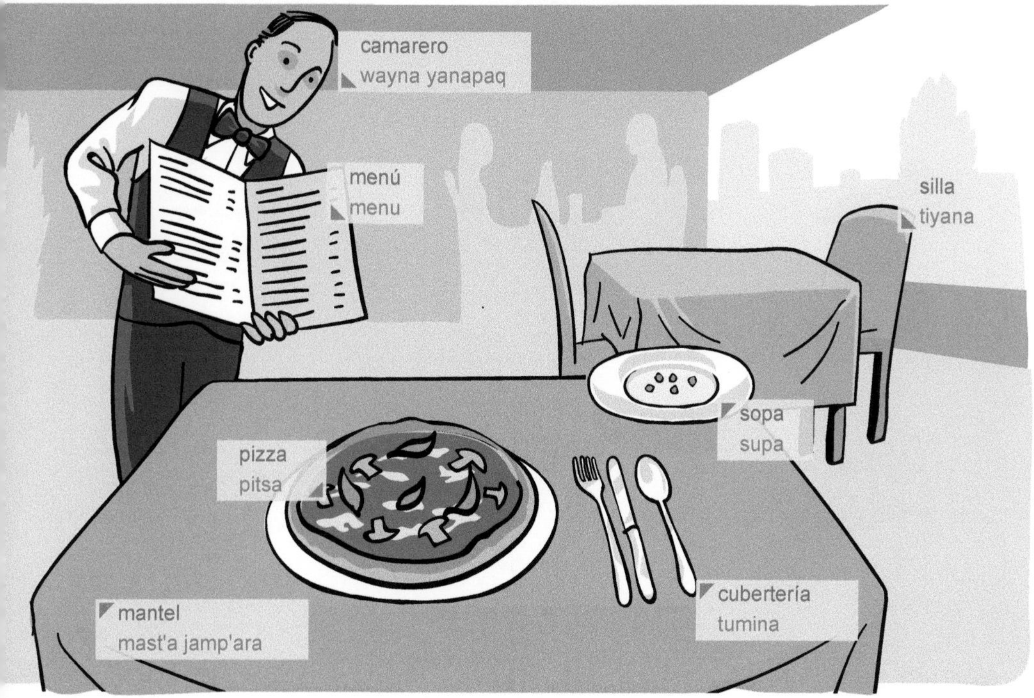
camarero
wayna yanapaq
menú
menu
silla
tiyana
sopa
supa
pizza
pitsa
mantel
mast'a jamp'ara
cubertería
tumina

primer plato

ñawpaq mikhuna

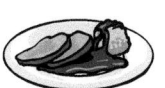

plato principal

yari mikhuna

postre

mikhuy yapa

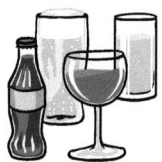

bebidas

upyanakuna

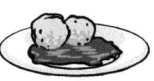

comida

mikhuna

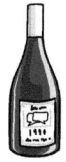

botella

wutilla

comida rápida

saqra ura

comida callejera

kalli mikhuna

tetera

te churana

azucarero

misk'i churana

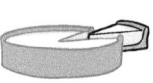

porción

chhika

cafetera expreso

cajitira iksprisu

trona

jatun tiyana

cuenta

yupay

bandeja

bandija

cuchillo

tumi

tenedor

tinidur

cuchara

wislla uña

cucharilla

juch'uy wislla uña

servilleta

simi pichana

vaso

qhispi akilla

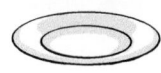

plato

chuwa

plato hondo

chuwa

platillo

chuwa

salsa

salsa

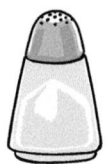

salero

kachi churana

molinillo de pimienta

pimienta kutana

vinagre

k'allkucha

aceite

llukllu

especias

ch'aki q'mirkuna

ketchup

ketchup

mostaza

mostaza

mayonesa

mayonisa

supermercado
jatun qhatu

oferta especial
kusa ranqhanapaq
FOR
cliente
rantiq
lácteos
willalli
fruta
puquy
carro de la compra
rantina karro

BUTCHERS

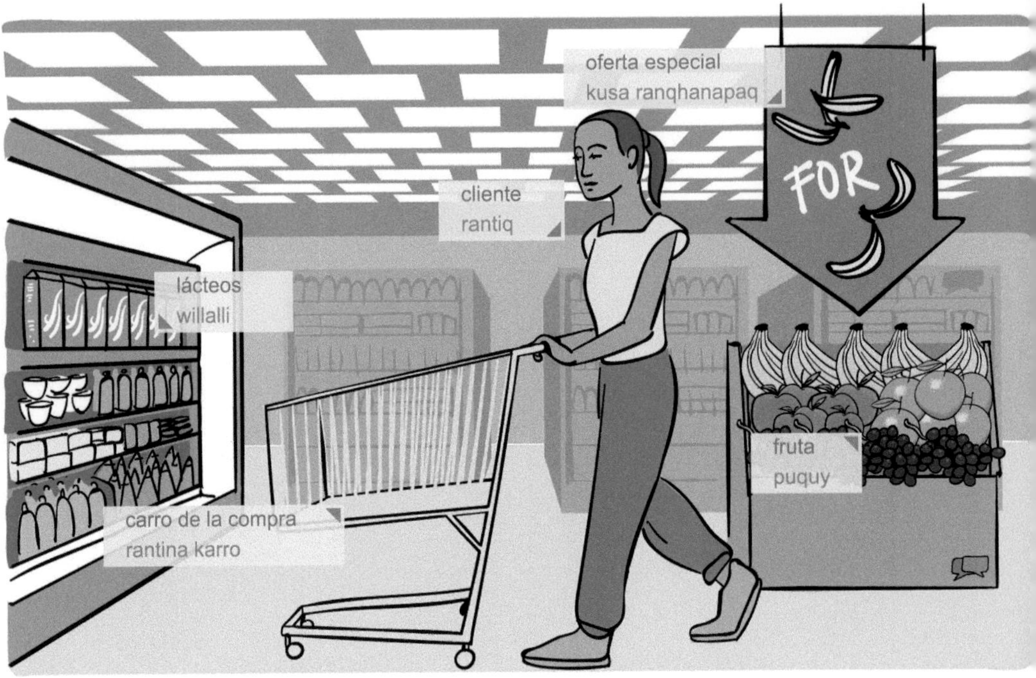

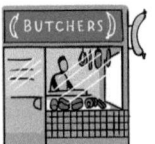

carnicería

aicha wasi

BAKERY

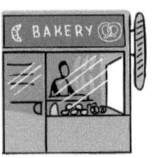

panadería

t'anta wasi

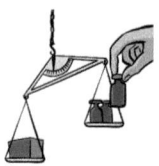

pesar

llasay

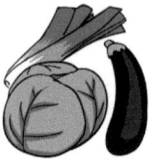

verduras

q'umirkuna

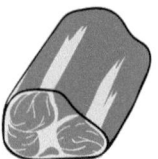

carne

aycha

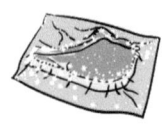

alimentos congelados

chhullunka mikhuna

fiambres
quqawi

conservas
mikhuna unaychasqa

detergente en polvo
ditirjinti

dulces
misk'ikuna

productos de uso doméstico
wasimanta pruduktu

productos de limpieza
maylla produkto

vendedora
ranqhaq

caja
kartun p'uktaki

cajero
kajiru

lista de la compra
sinru qillqa rantina

horario de atención al público
sumaq runa uyarina phani

cartera
qullqi wayaqa

tarjeta de crédito
tarjita kriditumanta

bolsa
plastiko wayaqa

bolsa de plástico
plastiku wayaqa

agua

yaku

zumo

jilli

leche

ch'awa

cola

coca cola

vino

vino

cerveza

sirwisa

alcohol

alkula

cacao

kakawu

té

te

café

caji

expreso

ieksprisu

capuchino

capuchinu

plátano
platanu

manzana
mansana

naranja
laranja

melón
milun

limón
limun

zanahoria
sanawrya

ajo
aju

bambú
wamwu

cebolla
siwulla

champiñón
champiñun

avellanas
awillana

fideos
jirius

espagueti

ispawiti

arroz

arrus

ensalada

sarsa

patatas fritas

papa kanka

patatas fritas

papa kanka

pizza

pitsa

hamburguesa

amwirkisa

sándwich

sanwich

filete

jiliti

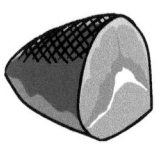

jamón

jamun

salami

salami

salchicha

salchicha

pollo

chichilu

asado

aycha kanka

pescado

challwa

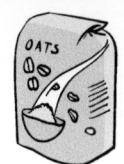

copos de avena

p'aqa awina

muesli

muesli

copos de maíz

p'aqa sara

harina

jak'u

cruasán

krwasan

panecillo

k'awka

pan

t'anta

tostada

t'anta jamk'a

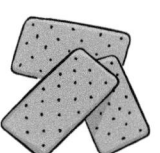

galletas

khamuna

mantequilla

mantikilla

cuajada

ñuqñu

pastel

pastil

huevo

runtu

huevo frito

runtu kanka

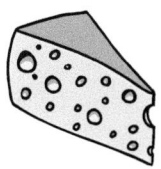

queso

masara

helado

chullunka misk'i

azúcar

misk'i

miel

wayrunq'u misk'i

mermelada

mirmilara

crema de turrón

krima turrunmanta

curry

kurri

granja
chakra wasi

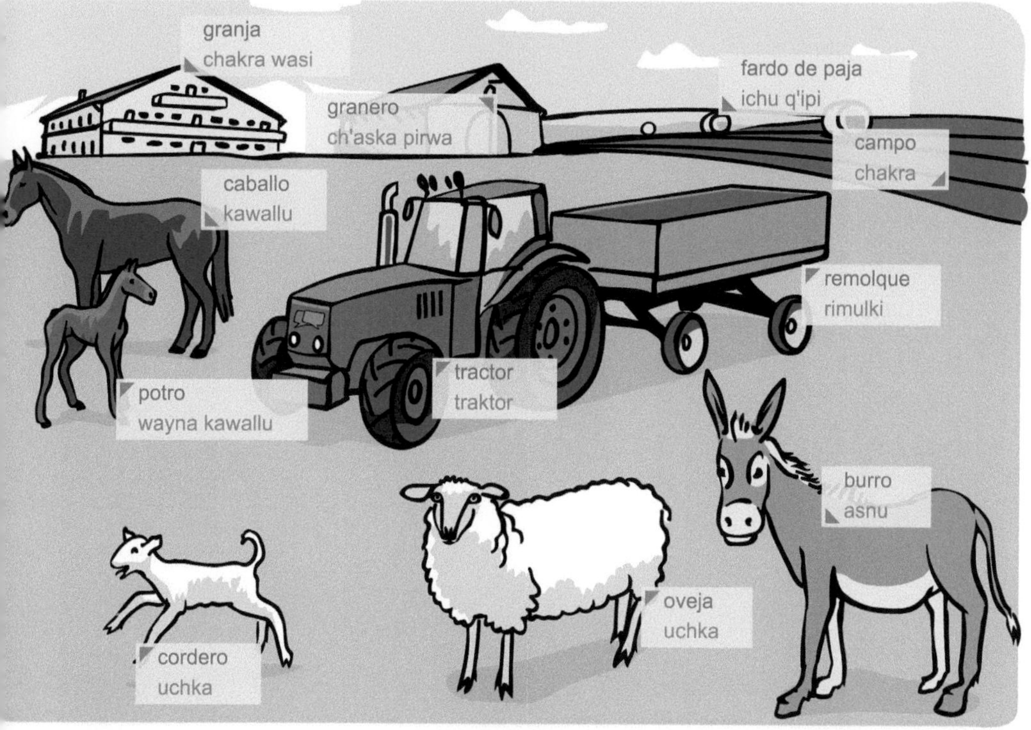
granja
chakra wasi
granero
ch'aska pirwa
fardo de paja
ichu q'ipi
campo
chakra
caballo
kawallu
remolque
rimulki
tractor
traktor
potro
wayna kawallu
burro
asnu
oveja
uchka
cordero
uchka

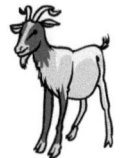

cabra

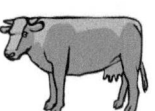

karwa

vaca

waka

ternero

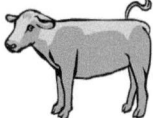

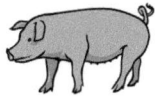

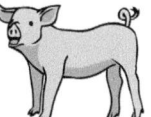

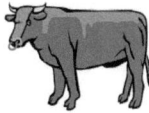

waka uña

cerdo

khuchi

cerdito

khuchi uña

toro

turu

ganso

wallata

pato

pili

pollo

chchilu

gallina

wallpa

gallo

k'anka

rata

jatun juk'ucha

gato

misi/michi

ratón

juk'ucha

buey

turu

perro

alqu

perrera

alquwasi

manguera

mankira

regadera

qarpana jalp'a

guadaña

rutuna

arado

taklla

hoz

rutuna

azada

liwk'ana

horca

sipina

hacha

ayri

carretilla

kapachu

abrevadero

yaku upyana

lechera

willalli purunku

saco

jatun wayaqa

valla

jark'aq ch'ipa

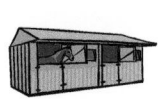

establo

kancha wasi

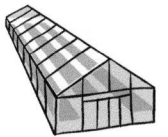

invernadero

inwirnadiru

suelo

pampa

semilla

muju

fertilizador

wanu

cosechadora

makina allana

cosechar

allay

cosecha

allay

ñame

ñame

trigo

tiriwu

soja

soya

patata

papa

maíz

sara

semilla de colza

kulsa luru

árbol frutal

wayu sach'a

mandioca

mandiuka

cereales

ch'aki puquy

casa
wasi

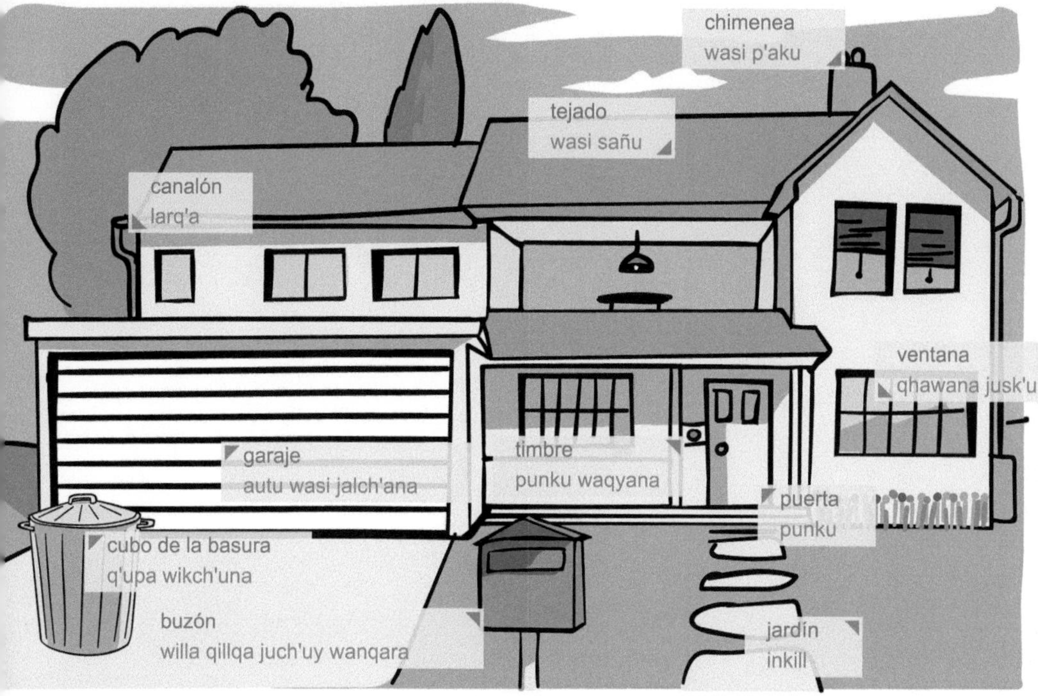
chimenea
wasi p'aku
tejado
wasi sañu
canalón
larq'a
ventana
qhawana jusk'u
garaje
autu wasi jalch'ana
timbre
punku waqyana
puerta
punku
cubo de la basura
q'upa wikch'una
buzón
willa qillqa juch'uy wanqara
jardín
inkill

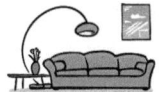

sala

k'illi wanlla

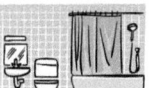

cuarto de baño

akana wasi

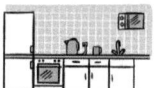

cocina

wayk'una wasi

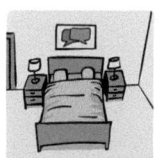

dormitorio

puñuna wasi

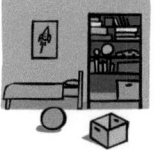

habitación de los niños

wawa k'uchu

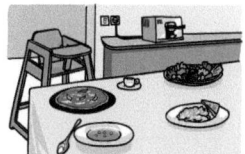

comedor

mikhuna k'uchu

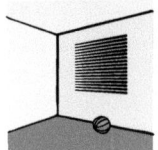

suelo

pampa

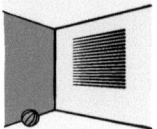

pared

pirqa

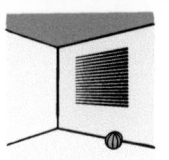

techo

wasip khatan

sótano

wasi ukhun

sauna

sawna

balcón

walkun

terraza

pirqa

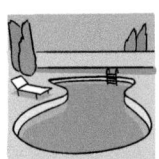

piscina

armakuna

cortacésped

k'achina

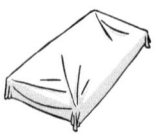

sábana

iqana

colcha

khatana

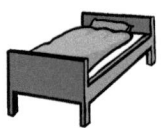

cama

puñuna

escoba

pichana

balde

yaku aysana

interruptor

k'ancha jap'ichiq

sala

k'illi wanlla

papel pintado
raphi llimp'isqa
imagen
lanti
lámpara
k'anchana
estante
p'anqa jallch'ana
armario
churakuna
televisión
tele
chimenea
wasi p'aku
flor
t'ika
cojín
sawna
sofá
sufa
jarrón
p'uñu
mando a distancia
kuntrul remoto

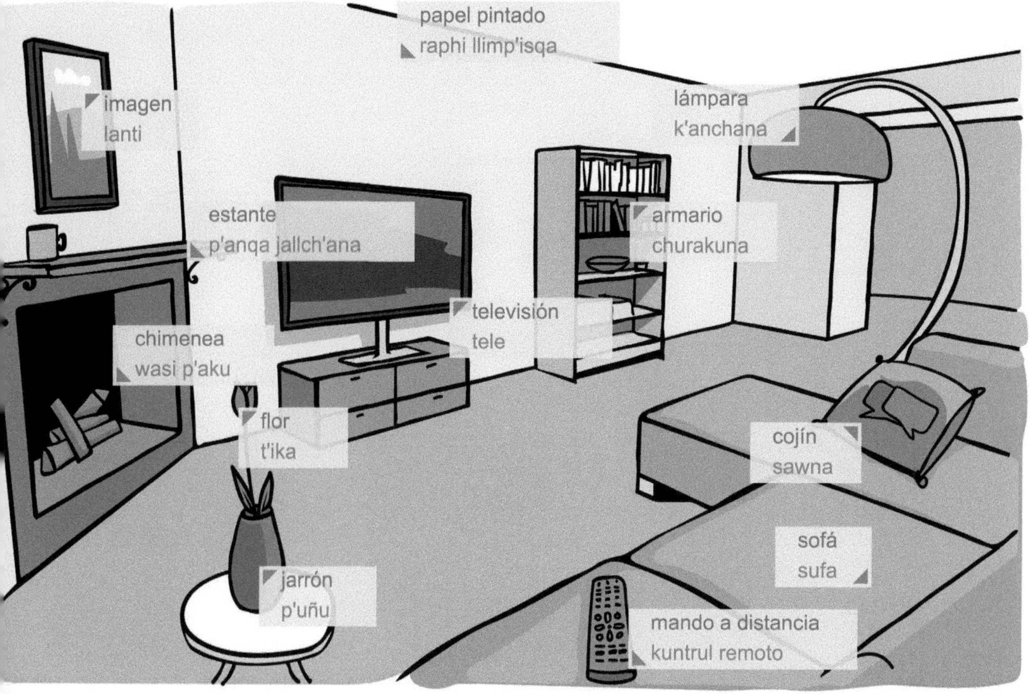

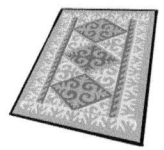

alfombra

pampa mast'ana

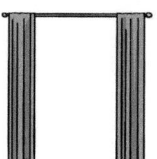

cortina

arapa

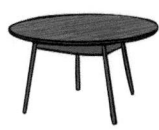

mesa

jamp'ara

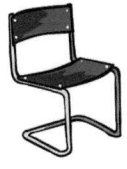

silla

tiyana

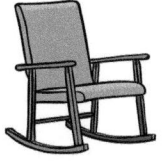

mecedora

chhuku tiyana

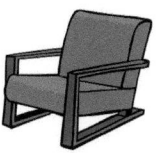

butaca

kirana

libro

p'anqa

manta

mast'a

decoración

t'ikanchay

leña

llamt'a

película

pelikula

equipo de música

takina ekipu

llave

ch'atana

periódico

mit'awa

pintura

llimp'i

póster

poster

radio

wayra simi

cuaderno

qillqana p'anqa

aspiradora

aspiradora

cactus

pukru

vela

ispilma

cocina
wayk'una wasi

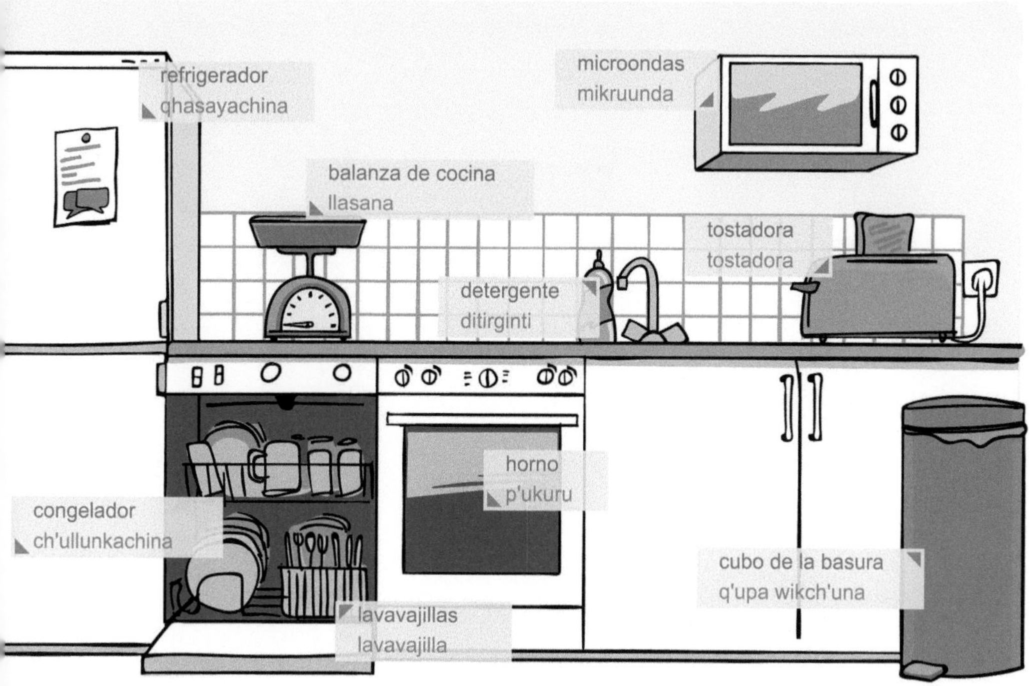
refrigerador
qhasayachina
microondas
mikruunda
balanza de cocina
llasana
tostadora
tostadora
detergente
ditirginti
horno
p'ukuru
congelador
ch'ullunkachina
cubo de la basura
q'upa wikch'una
lavavajillas
lavavajilla

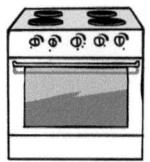

olla a presión

presiun manka

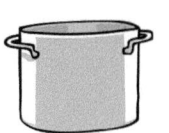

olla

manka

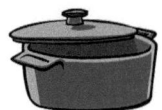

olla de hierro fundido

q'illa manka

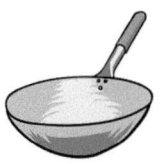

wok / karahi

wok

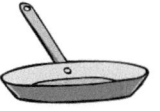

cazuela

payla

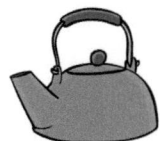

hervidor

thimpuchina

vaporera

wapsina

chapa de horno

p'ukuru punku

vajilla

vajilla

taza

tasa

tazón

tason

palillos

palillo

cucharón

wislla

espumadera

phusuqa urquna

batidor

qaywina

colador

isanka

cedazo

suysuna

rallador

thupana

mortero

kutana

barbacoa

kawitu

hoguera

nina jap'ichina

tabla de picar

k'ullu kuchunapaq

rodillo

tuquru

sacacorchos

sacacurchu

lata

lata

abrelatas

lata kichana

agarrador

jap'ina

lavabo

chuwa mayllana

cepillo

sipillu

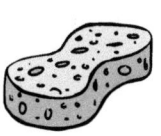

esponja

ispunja

batidora

watidora

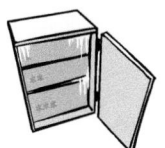

congelador

ch'ullunkachina

biberón

biberon

grifo

grifo

cuarto de baño
akana wasi

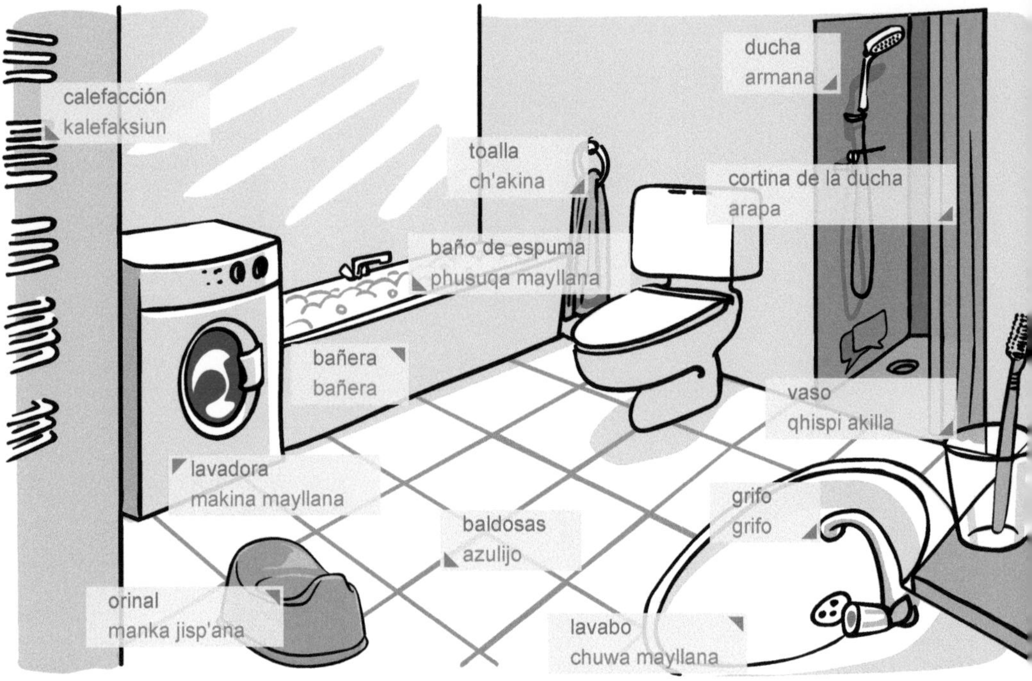

calefacción
kalefaksiun
toalla
ch'akina
ducha
armana
cortina de la ducha
arapa
baño de espuma
phusuqa mayllana
bañera
bañera
vaso
qhispi akilla
lavadora
makina mayllana
grifo
grifo
baldosas
azulijo
orinal
manka jisp'ana
lavabo
chuwa mayllana

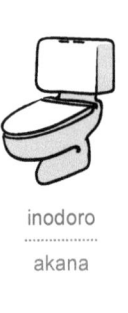

inodoro
akana

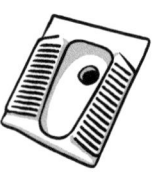

inodoro rústico
yakupaka

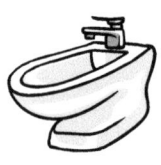

bidé
bidet

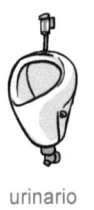

urinario
jisp'ana

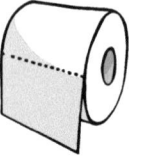

papel higiénico
papel higieniku

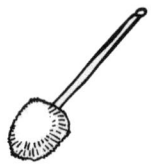

escobilla del váter
water pichana

cepillo de dientes

kiru khituna

pasta de dientes

kiru pasta

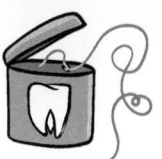

hilo dental

kiru q'aytu

lavar

mayllay

ducha de mano

armana makiwan

ducha íntima

armana

pila

pila

cepillo de espalda

wasa cepillo

jabón

t'arta

gel de ducha

llukllu armanapaq

champú

champu

toallita

ch'akina

desagüe

ch'chi yaku wikch'una

crema

krima

desodorante

kuntu wayllak'upaq

espejo

qhispi

espejo de tocador

qhawakunaqhispi

maquinilla de afeitar

mumikuna

espuma de afeitar

phusuqu mumikunapaq

loción postafeitado

lusiun mumikunapaq

peine

sikrana

cepillo

kuiru khituna

secador

sekadora

laca

ispray

maquillaje

makillaji

pintalabios

simi llimp'ina

pintauñas

llimp'i sillu

algodón

ampi

cortauñas

sillu k'utuna

perfume

untu

estuche de viaje

wayaqa ch'usanapaq

banqueta

chukuna

balanza

aysana

albornoz

bata

guantes de goma

maki wayaqa gumamanta

tampón

tampon

compresa

raphi ch'akina

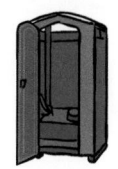

inodoro químico

akanapaq tiyana kimiku

habitación de los niños
wawa k'uchu

despertador
riqch'achina
peluche
piluchi
coche de juguete
kochi pukllana
sonajero
chanrara
casa de muñecas
urpu wasi
regalo
qurina

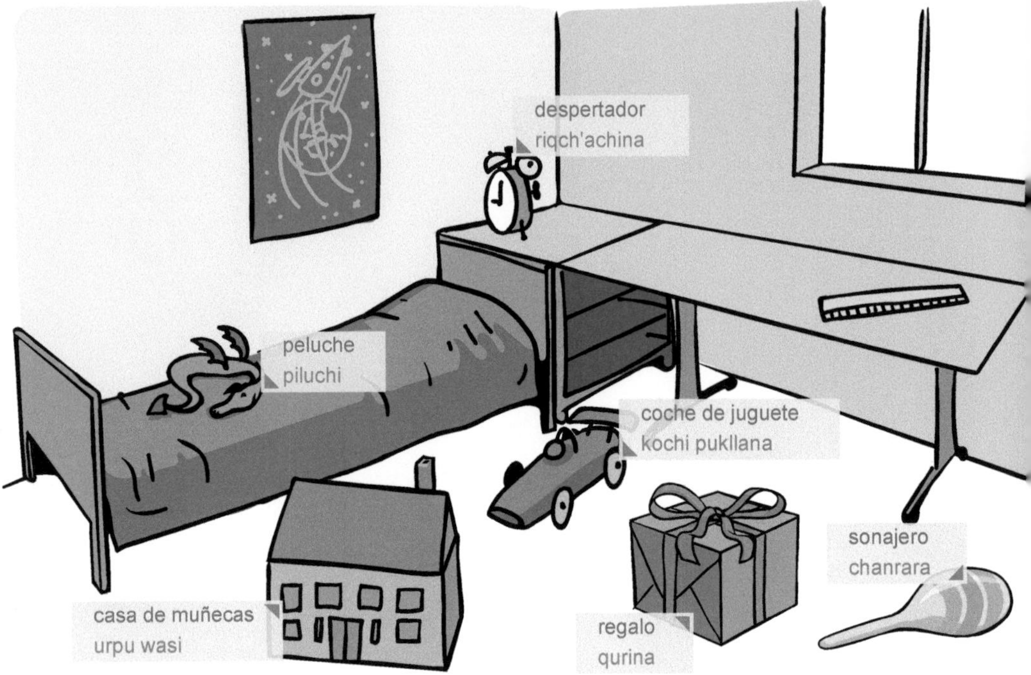

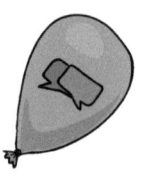

globo
phuyu phuku

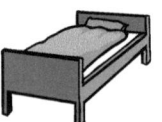

cama
puñuna

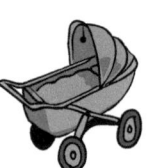

coche de niño
wawa kochi

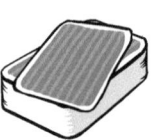

naipes
naypi

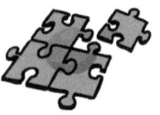

puzle
pusli

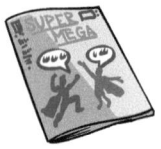

tebeo
riwista

piezas de lego

legukuna

bloques de juguete

wluki pukllana

figura de acción

figura aksionmanta

bodi (de bebé)

wuri wawapaq

frisbee

friswi

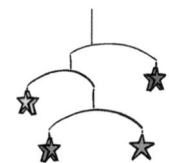

colgador móvil para bebés

wawa marq'a

juego de mesa

jamp'ara pukllana

dados

dado

circuito de tren eléctrico

trin iliktriko purina

maniquí

maniki

fiesta

raymi

álbum de fotos

futu p'anqa

pelota

p'ulu

muñeca

urpu

jugar

pukllay

cajón de arena

t'iyu p'utaki

columpio

wallunk'a

juguetes

pukllana

videoconsola

wiriukunsula

triciclo

trisiklu

oso de peluche

jukumari pukllana

guardarropa

p'acha jallch'ana

ropa

p'acha

calcetines

chakiwayaqa

medias

chakiwayaqa qharipaq

leotardos

chakiwayaqa

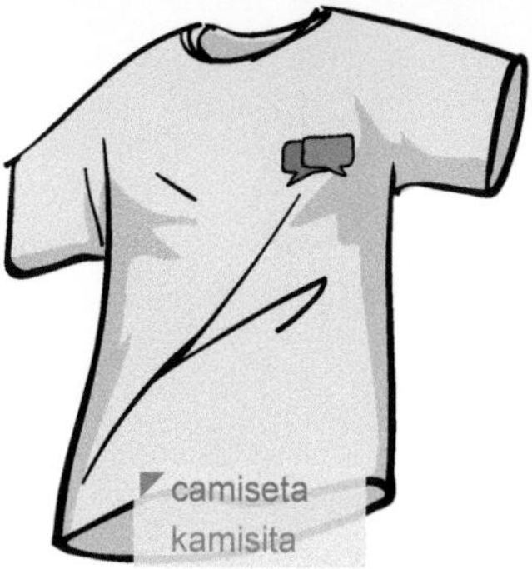

bufanda
chalina

cinturón
chunpi

paraguas
parawa

camiseta
kamisita

deportivas
tinis

botas
wutakuna

zapatillas
zapatillakuna

sandalias

llanq'i

zapatos

phapatukuna

botas de goma

wutakuna parapaq

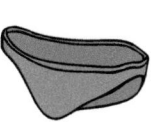

slip

ukhu p'acha

sostén

sustin

chaleco

chaliku

bodi

wuri

pantalones

pantalu kurtu

vaqueros

wakiru

falda

arphi

blusa

wulusa

camisa

kamisa

jersey

chumpa

suéter

chumpa

blazer

blazer

chaqueta

chakita

abrigo

qhata

gabardina

yawardina

traje

traji

vestido

wistiru

vestido de novia

wistiru nowiamanta

traje

traji

camisón

kamisun

pijama

piyama

sari

sari

bandana

wandana

turbante

turbante

burka

burka

caftán

kaftan

abaya

abaya

traje de baño

traje mayllakunapaq

bañador

p'acha mayllakunpaq

pantalones cortos

kurtu

chándal

p'acha tukuy p'unchawpaq

delantal

dilantal

guantes

makiwayaqa

botón

ch'itana

gafas

gafakuna

brazalete

maki watana

collar

wallqa

anillo

siwi

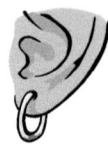

pendiente

linri quri

gorra

q'aspa

percha

p'acha warkhuna

sombrero

chharara

corbata

kurbata

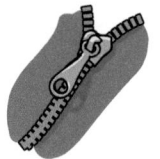

cremallera

pantalu wisk'ana

casco

kasku

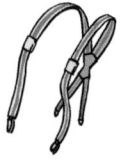

tirantes

tirantikuna

uniforme escolar

uniforme

uniforme

uniformi

babero

llawsanapaq

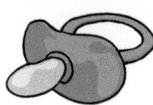

maniquí

maniki

pañal

jananta

oficina

ujisina

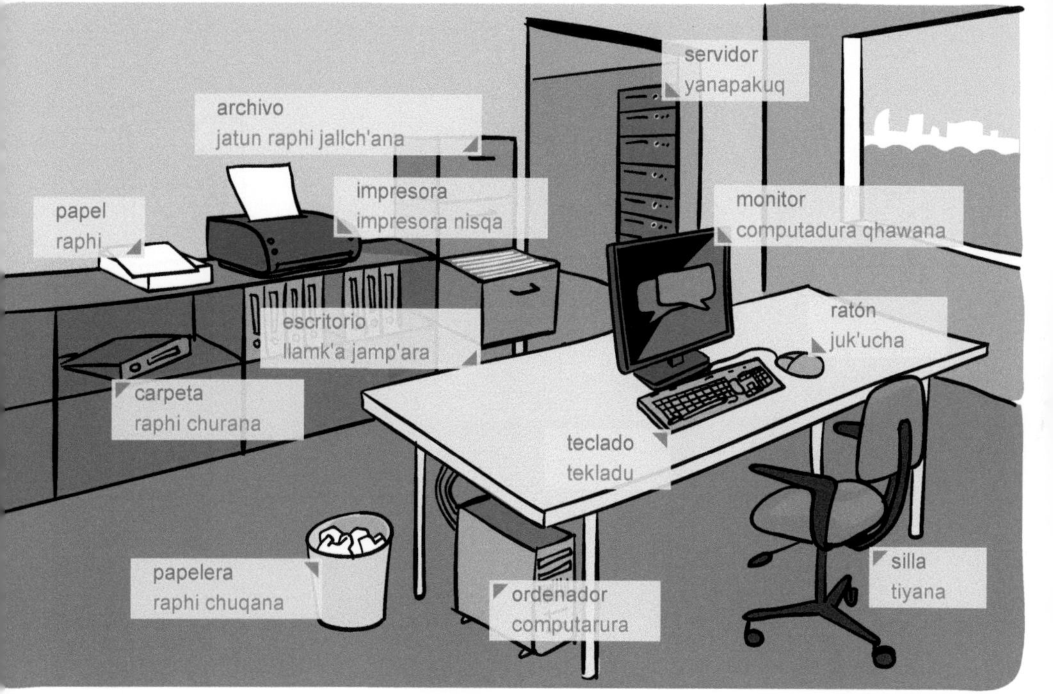

servidor
yanapakuq

archivo
jatun raphi jallch'ana

impresora
impresora nisqa

monitor
computadura qhawana

papel
raphi

escritorio
llamk'a jamp'ara

ratón
juk'ucha

carpeta
raphi churana

teclado
tekladu

papelera
raphi chuqana

silla
tiyana

ordenador
computarura

taza de café

tasa cajimanta

calculadora

calcularura

internet

intirnit

portátil

laptop

carta

chaki qillqa

mensaje

willachiy

móvil

silular

red

red

fotocopiadora

futukopia

software

software

teléfono

tilijunu

toma de corriente

toma corriente

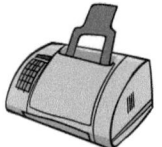

fax

faks

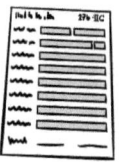

formulario

jurmulario

documento

asuy qillqa

comprar

ranqhay

pagar

qupuy

comerciar

ranqhay

dinero

qullqi

dólar

dólar qullqi

euro

iwro qullqi

yen

yen qullqi

rublo

ruwlu qullqi

franco suizo

juranku swisu qullqi

renminbi yuan

rinminwi qullqi

rupia

rupia qullqi

cajero automático

kajiru awtumatiku

oficina de cambio de divisas

qullqi rantina wasi

oro

quri

plata

qullqi

petróleo

pitruliu

energía

kallpa

precio

yupa

contrato

mink'ay

impuesto

impuistu

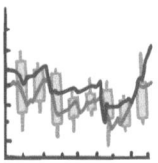

acción

aksiun

trabajar

llamk'ay

empleado

llamk'achiq

empleador

llamk'achiq

fábrica

puquchiy kiti

tienda

tienda

agente de policía
ajinti policiamanta

bombero
wumwiru

cocinero
wayk'uq

médico
jampi kamayuq

piloto
pilutu

jardinero
inkill kamayuq

carpintero
llaqllaykamayuq

costurera
siraykamayuq

juez
khuskachaq

farmacéutico
jampi ranqhaq

actor
aranwaq

conductor de autobús

awtuwus q'iwiq

taxista

taksi q'iwiq

pescador

challwakamayuq

señora de la limpieza

pichaq

techador

wasip qhatan

camarero

wayna yanapaq

cazador

chakuykamayuq

pintor

llimp'iq

panadero

t'antiri

electricista

iliktrisista

obrero

llam'kaq

ingeniero

k'llikacha

carnicero

ñak'aq

fontanero

yaku kamayuq

cartero

qillqa apaq

soldado
awqakuq

arquitecto
wasikamayuq

cajero
kajiru

florista
t'ikachaq

peluquero
chukcharutuq

revisor
q'iwichiq

mecánico
mikaniku

capitán
wamink'a

dentista
kirukamayuq

científico
jamawt'a

rabino
rawinu

imán
k'askachimuq

monje
munji

sacerdote
tata kura

herramientas
ruk'awi

martillo
takana
alicates
alikati
destornillador
disturnilladur
llave
kichakuq
linterna
k'anchana

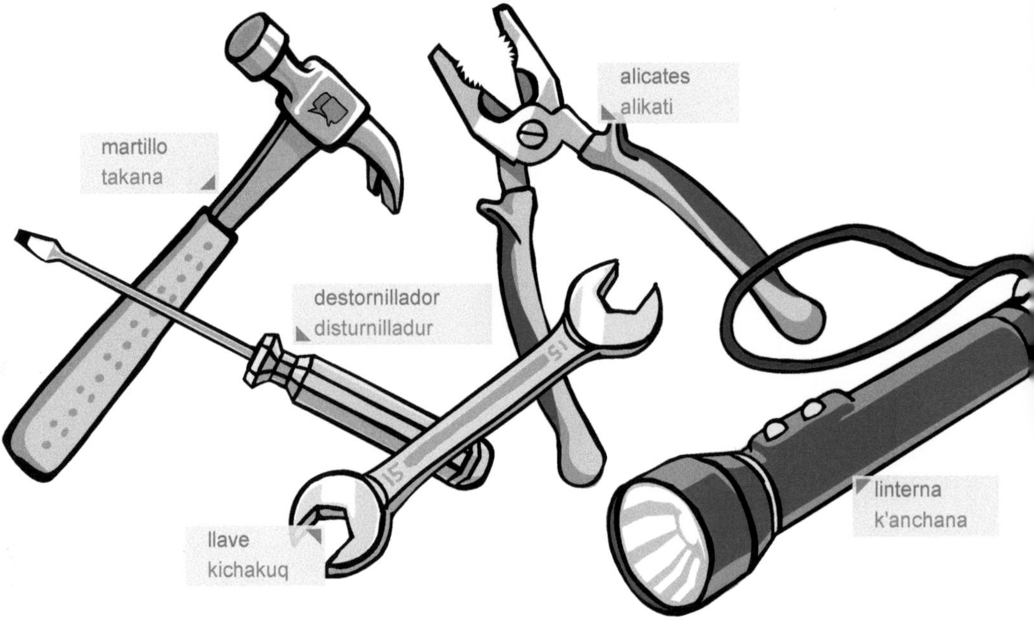

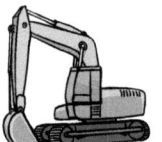

excavadora

ikskawadura

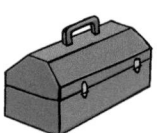

caja de herramientas

ruk'awi p'uktaki

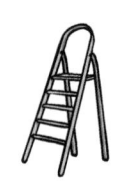

escalera de mano

wichana makiyuq

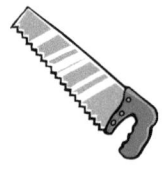

sierra

sierra

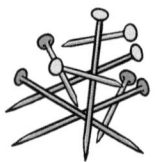

clavos

takarpu

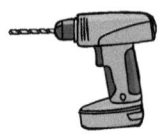

taladro

talaru

reparar
....
allinchay

pala
....
lampa

¡Maldita sea!
....
¡Supay apachun!

recogedor
....
q'upa tantana

bote de pintura
....
llimp'i churana

tornillos
....
turnillukuna

instrumentos musicales
takichiy nakuna

altavoz
sumaq parlana

batería
watiria

contrabajo
kuntrawaju

trompeta
lata phuku

guitarra
witarra

piano

pianu

violín

wiulin

bajo

waju

timbales

tinwalis

tambor

wankar

teclado

tikladu

saxofón

saksu

flauta

phukuna

micrófono

mikrufunu

zoo

jatun uywa kancha

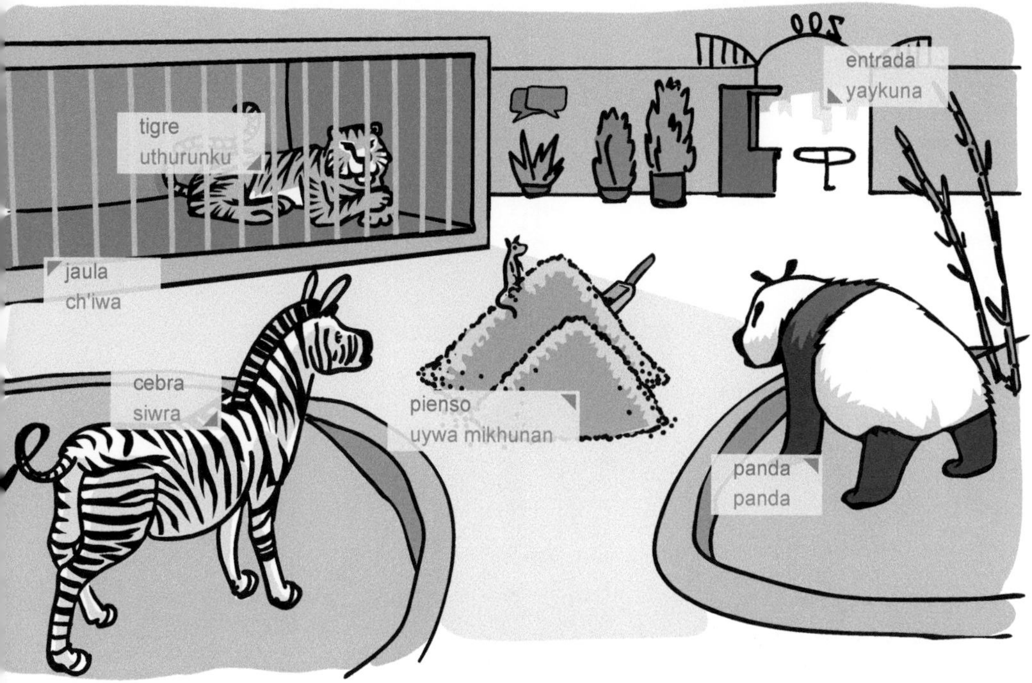

tigre
uthurunku
jaula
ch'iwa
cebra
siwra
pienso
uywa mikhunan
entrada
yaykuna
panda
panda

animales

uywa

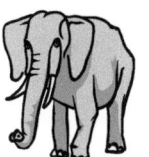

elefante

ilijanti

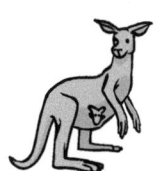

canguro

kanguru

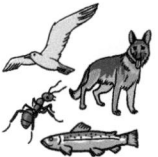

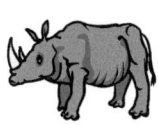

rinoceronte

rinusirunti

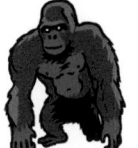

gorila

gurila

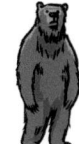

oso

jukumari

camello

kamillu

avestruz

suri

león

puma

mono

k'usillu

flamingo

pariwana

loro

q'ichichi

oso polar

pular jukumari

pingüino

pinwinu

tiburón

tiwurun

pavo real

pawu

serpiente

katari

cocodrilo

kukuwurilu

guardián de zoológico

jatun uywa kancha arariwa

foca

fuka

jaguar

uthurunku

poni

puni

leopardo

lliwpardu

hipopótamo

hipuputamu

jirafa

jirafa

águila

anka

jabalí

sintiru

pescado

challwa

tortuga

turtuga

morsa

mursa

zorro

atuq

gacela

gacila

fútbol americano
amerikanu papawki pukllay

ciclismo
siklu rumpiy

tenis
tenis

baloncesto
isanka papawki

natación
wat'aku

hockey sobre hielo
joki

boxeo
ñuk'anaku

fútbol

papawki pukllay

bádminton

watmintun

atletismo

lanlak

balonmano

kakcha

esquí

iski

polo

pulu

actividades
ruwakuna

reír
asiy
saltar
phinkiy
abrazar
mak'alliy
caminar
puriy
cantar
takiy
soñar
musquy
rezar
mañakuy
besar
much'ay

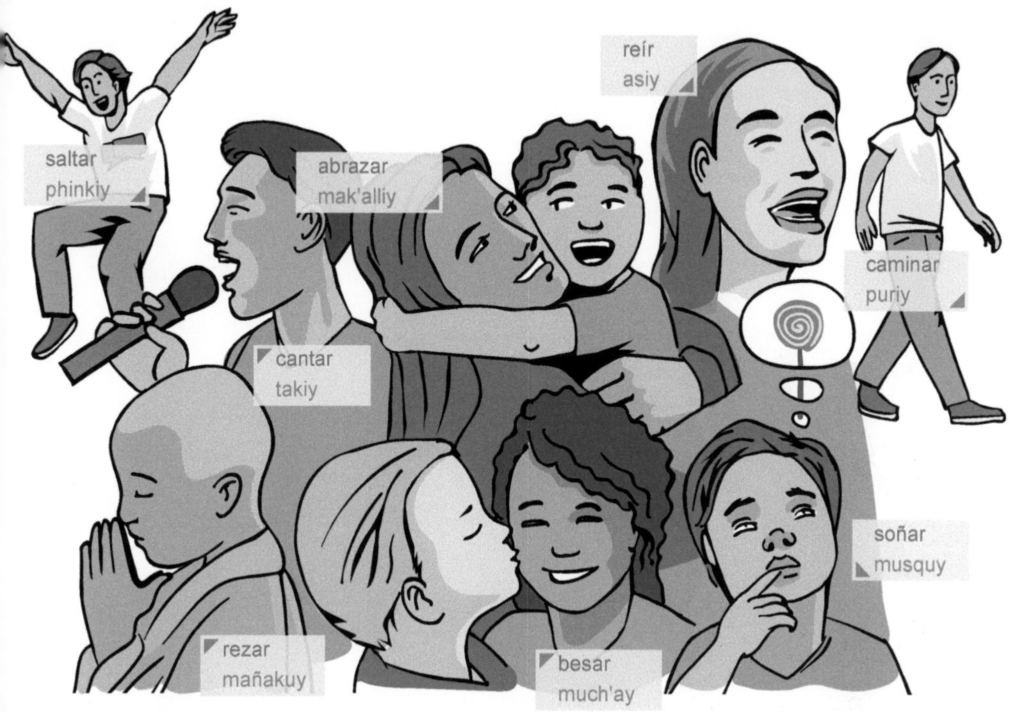

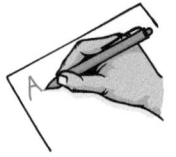

escribir
qillqay

dibujar
t'iktuy

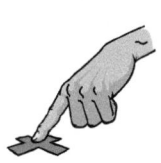

mostrar
qhawachiy

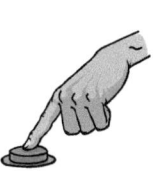

empujar
tanqay

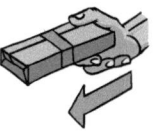

dar
quy

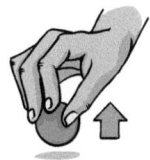

tomar
uqhariy

tener

yuq

hacer

ruway

ser

kay

estar de pie

sayay

correr

t'ijuy

tirar

chuqay

tirar

chuqay

caer

urmay

yacer

siriy

esperar

suyay

llevar

apay

estar sentado

chukuchiy

vestirse

p'achachakuy

dormir

puñuy

despertar

rikch'ay

mirar

qhaway

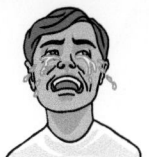

llorar

waqay

acariciar

waylluy

peinar

sikray

hablar

rimay

entender

unanchay

preguntar

tapuy

escuchar

uyariy

beber

upyay

comer

mikhuy

ordenar

kamachiy

amar

khuyay

cocinar

wayk'uy

conducir

q'iwiy

volar

phaway

navegar

wamp'uy

calcular

yupanchay

leer

ñawiriy

aprender

yachay

trabajar

llamk'ay

casarse

sawaray

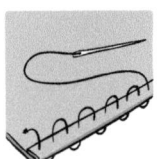

coser

siray

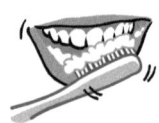

cepillarse los dientes

kiru khitukuy

matar

wanchiy

fumar

pitay

enviar

kachay

familia

yawar masikuna

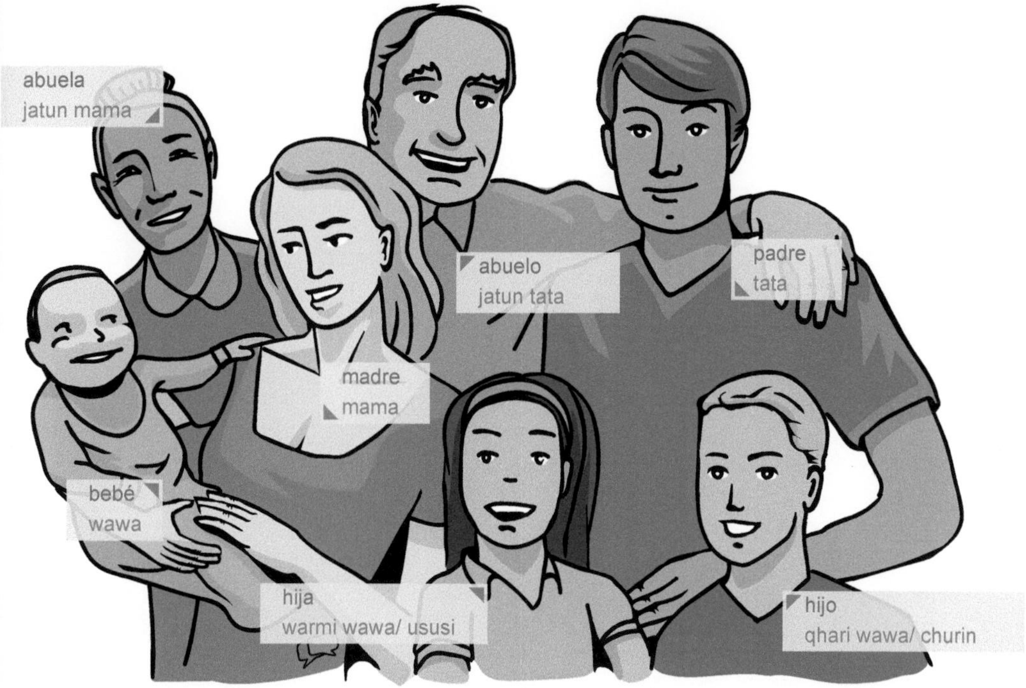

abuela
jatun mama
abuelo
jatun tata
padre
tata
madre
mama
bebé
wawa
hija
warmi wawa/ ususi
hijo
qhari wawa/ churin

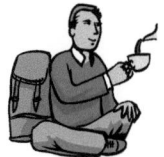

invitado

jamuynisqa

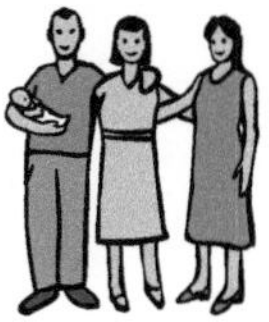

tía

ipa

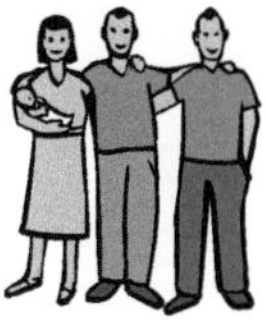

tío

kaki

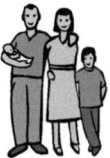

hermano

tura/wawqi

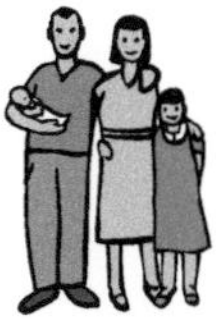

hermana

ñaña/pana

cuerpo
uqhu

frente
mat'i
ojo
ñawi
hombro
likra
dedo
ruk'ana
cara
uya
barbilla
sunkha
mano
maki
pecho
qhasqu
pierna
t'usu
brazo
likra

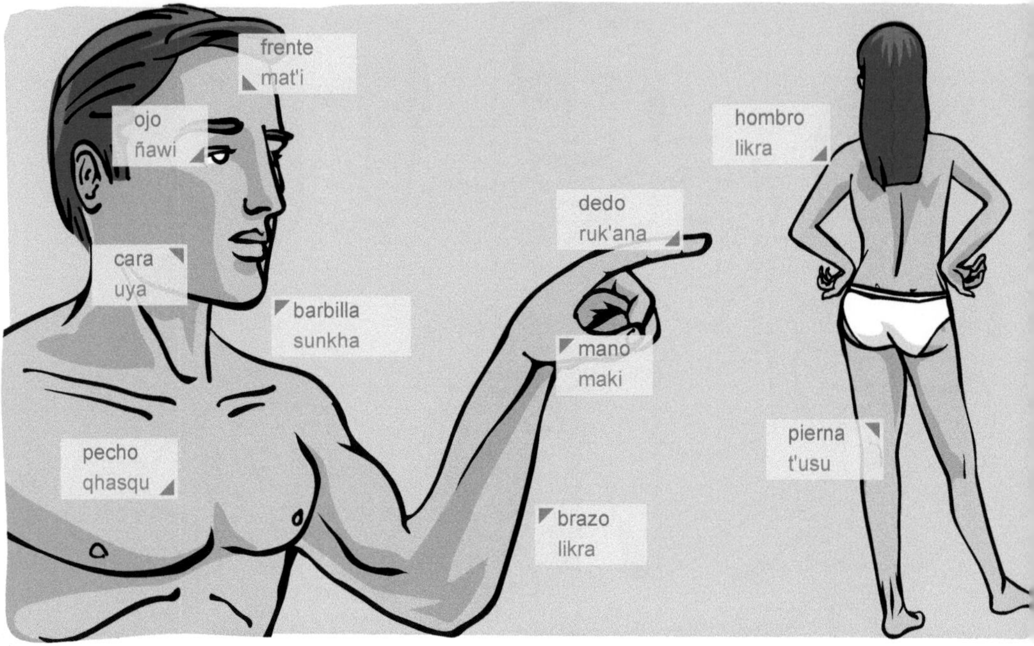

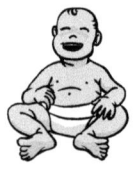

bebé
wawa

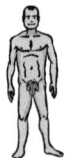

hombre
qhari

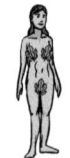

mujer
warmi

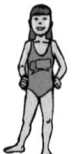

chica
sipas

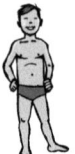

chico
yuqalla

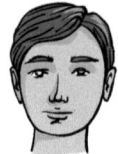

cabeza
uma

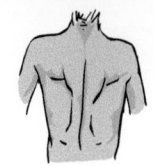

espalda

wasa

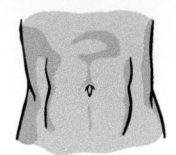

vientre

wisa ukhu

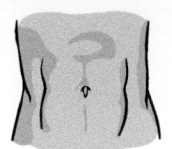

ombligo

pupu

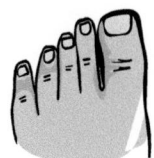

dedo del pie

ruk'ana

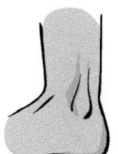

talón

takillpa

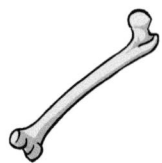

hueso

tullu

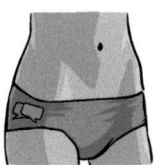

cadera

chaka

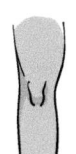

rodilla

muqu

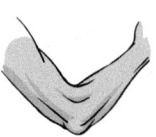

codo

maki muqu

nariz

sinqa

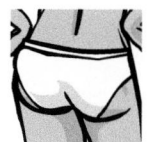

trasero

siki

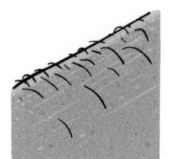

piel

qara

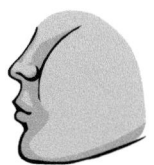

mejilla

k'aqlla

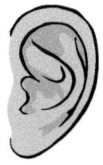

oído

linri

labio

sipri

boca

simi

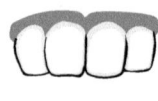

diente

kiru

lengua

qallu

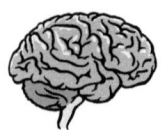

cerebro

ñuqtu

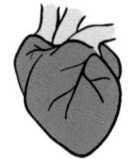

corazón

sunqu

músculo

mach'i

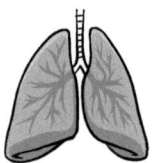

pulmón

surq'an

hígado

k'iwicha

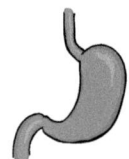

estómago

wisa

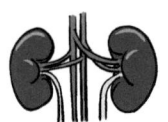

riñones

wasa ruru

sexo

lluq'anaku

condón

condon

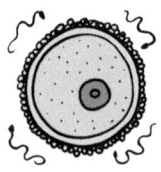

ovario

ch'uytu

semen

yuma

embarazo

wiksayuq kay

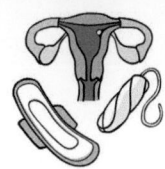

menstruación
....
k'ikuy

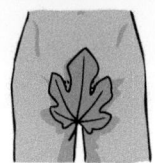

vagina
....
rakha

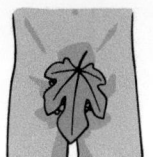

pene
....
ullu

ceja
....
qhichira

pelo
....
chukcha

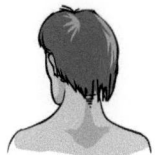

cuello
....
kunka

hospital
Jampina wasi

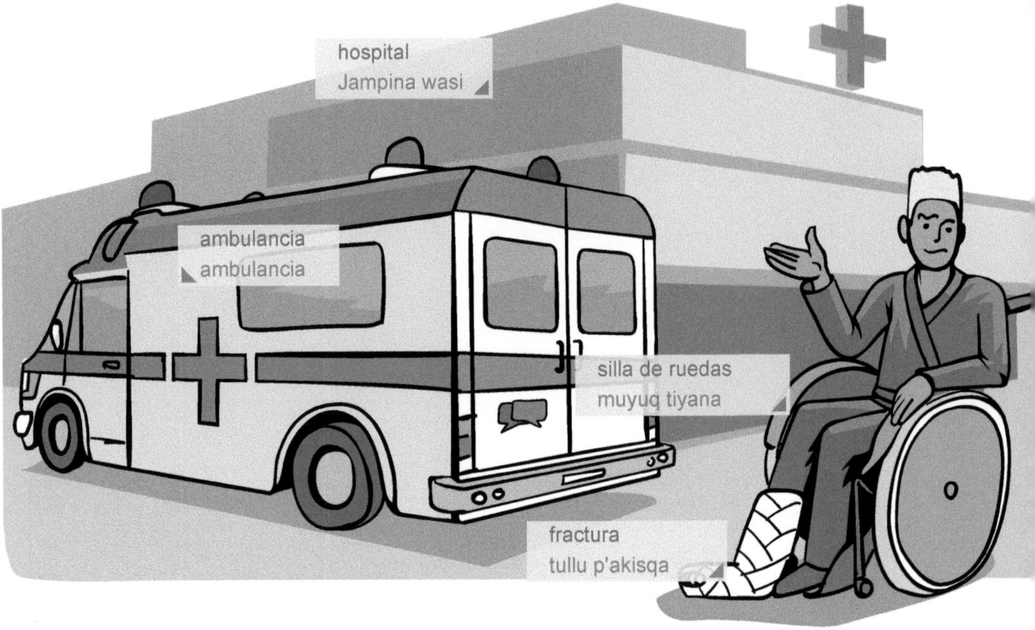

hospital
Jampina wasi
ambulancia
ambulancia
silla de ruedas
muyuq tiyana
fractura
tullu p'akisqa

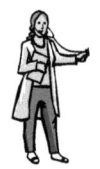

médico

jampi kamayuq

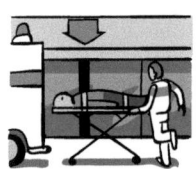

sala de urgencias

urgencia wasi

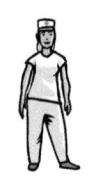

enfermera

jampi yanapaq

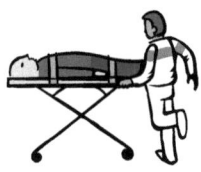

urgencia

urjinsia

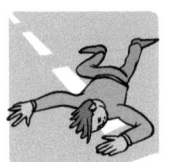

inconsciente

mana yuyayniyuqchu

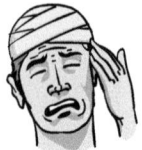

dolor

nanay

lesión

ñuti

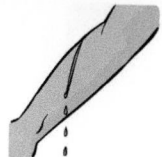

hemorragia

sirk'ay

infarto

infarto

ictus

wayra

alergia

millachikuq

tos

ch'uju

fiebre

k'aja unquy

gripe

p'urqi

diarrea

q'icha

dolor de cabeza

uma nanay

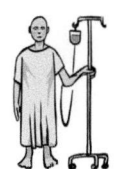

cáncer

isqu unquy

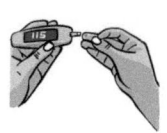

diabetes

diyawitis

cirujano

jampi kamayuq

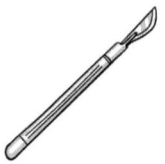

bisturí

bisturi

operación

upirasiun

TAC

TAC

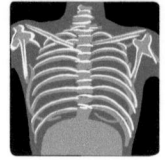

rayos x

tullurikuchi

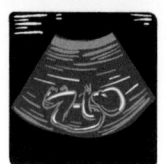

ultrasonido

ultrasunidu

mascarilla

jark'ana

enfermedad

unquy

sala de espera

suyanapaq k'illi wanlla

muleta

tawna

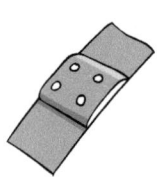

tirita

tinta

venda

manku

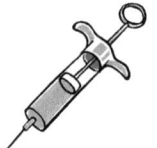

inyección

inyiksiun

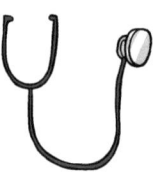

estetoscopio

istituskupiu

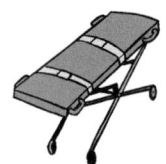

camilla

kallapu

termómetro

llaphi tupuna tupu

nacimiento

paqarisqa

sobrepeso

wirachasqa

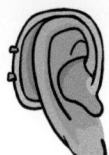

audífono

audifono

desinfectante

disinjiktanti

infección

q'iyacha

virus

miyu

VIH / SIDA

VIH / SIDA

medicina

jampi

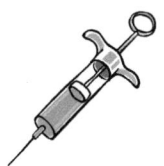

vacunación

wakuna

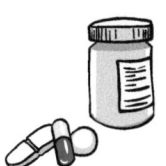

tabletas

tawlitakuna

pastilla

pastilla

llamada de urgencia

usqay waqyana

tensiómetro

tinsiumitru

enfermo / sano

unqusqa / qhali

¡Socorro!

¡Yaw!

alarma

alarma

asalto

manchay

ataque

waykha

peligro

chhiki

salida de emergencia

punku utqay lluqsinapaq

¡Fuego!

¡Nina!

extintor de incendios

nina wañichiq

accidente

ñak'ariy

botiquín de primeros
auxilios

botiquin de primeros
auxilios

SOS

SOS

policía

pulisiya

Europa

Iwrupa

Norteamérica

Chincha Amerika

Sudamérica

Qulla Amerika

África

Ajurika

Asia

Asia

Australia

Awstralia

Atlántico

Atlantiku

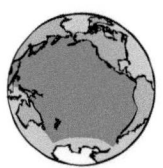

Pacífico

Pasijiku

Océano Índico

Indiku mama qucha pacha

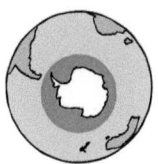

Océano Antártico

Antartiku mama qucha pacha

Océano Ártico

Artiku mama qucha pacha

polo norte

chincha pulu

polo sur

qulla pulu

Antártida

Antartida

tierra

Pacha

tierra

jallp'a

mar

mama qucha

isla

tara

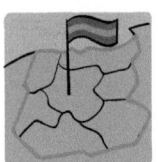

nación

llaqta

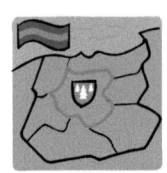

estado

Suyu

esfera

muruq'u

manecilla de las horas

phani tuqsiq

minutero

chininiq

segundero

ch'ipu yupaq

¿Qué hora es?

¿Ima phanitaq?

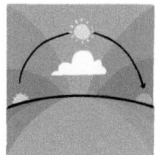

día

p'unchaw

tiempo

pacha

ahora

kunan

reloj digital

dijital inti watana

minuto

chinini

hora

phani

semana
qanchischaw

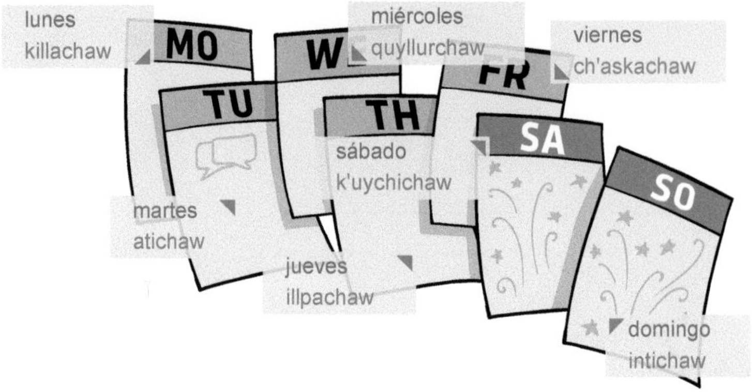
lunes
killachaw
MO
martes
atichaw
TU
miércoles
quyllurchaw
W
jueves
illpachaw
TH
viernes
ch'askachaw
FR
sábado
k'uychichaw
SA
domingo
intichaw
SO

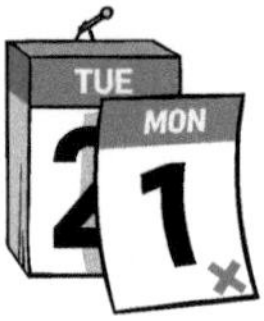
TUE
MON
2
1

ayer

qayna

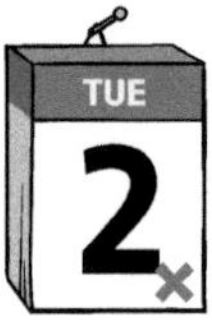
TUE
2

hoy

kunan

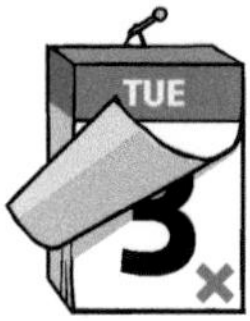
TUE
3

mañana

p'unchaw

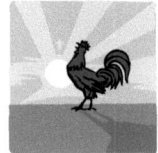

mañana

p'unchaw

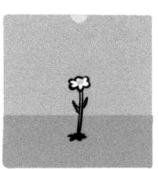

mediodía

chawpi p'unchaw

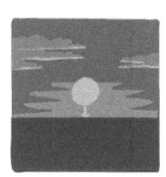

tarde

sukha

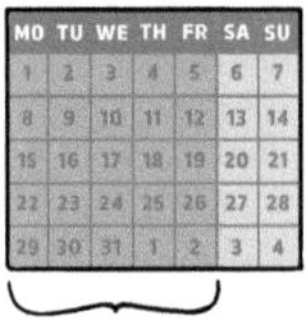
MO TU WE TH FR SA SU

días laborables

llamk'ana p'unchawkuna

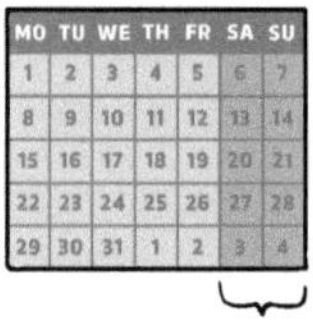
MO TU WE TH FR SA SU

fin de semana

tukuq qanchischawnin

año

wata

lluvia
para
arcoíris
k'uychi
viento
wayra
nieve
rit'i
primavera
pawqar mit'a
otoño
jawkay mit'a
verano
ch'iraw killa
invierno
chiri mit'a

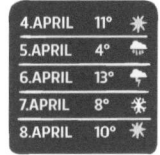

4.APRIL 11°
5.APRIL 4°
6.APRIL 13°
7.APRIL 8°
8.APRIL 10°

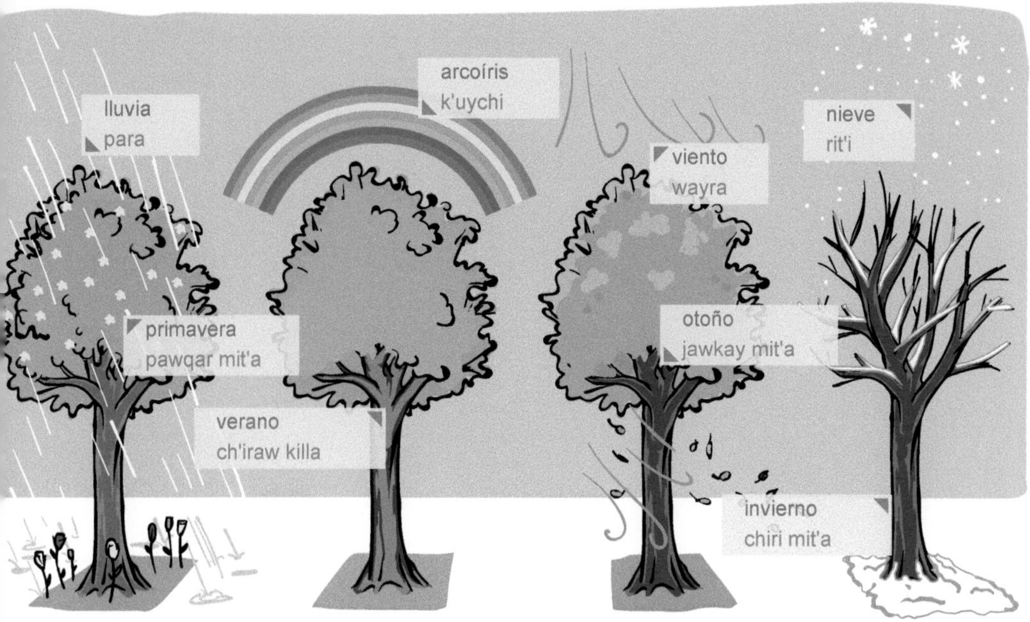

pronóstico del tiempo

inti raki

F
C
120
90
60
30
0
-30
40
30
20
10
0
-10
-20

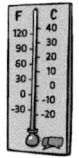

termómetro

tirmumitru

sol

inti

nube

phuyu

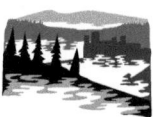

niebla

phuyu

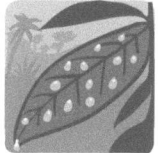

humedad

juq'u

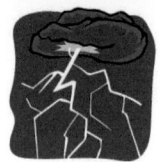

rayo
illapa

trueno
illapa

tormenta
tamya

granizo
chikchi

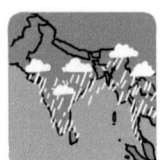

monzón
muyuq wayra

inundación
lluqlla

hielo
chullunka

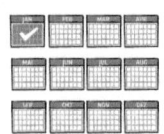

enero
qhaqmiy killa

febrero
jatunpuquy killa

marzo
pachapuquy killa

abril
ariwaki killa

mayo
aymuray killa

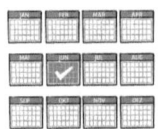

junio
jawkaykuskuy killa

julio
chakrakunakuy killa

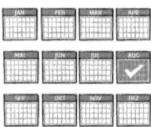

agosto
chakraypuy killa

año - wata

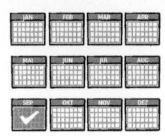

septiembre
....
tarpuy killa

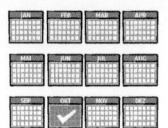

octubre
....
pawqarwara killa

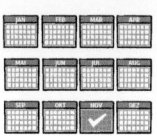

noviembre
....
ayamarq'ay killa

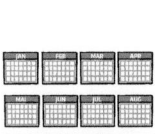

diciembre
....
qhapaq inti raymi killa

formas
pacha tupusqa rikch'ay

círculo
....
muyu yupa

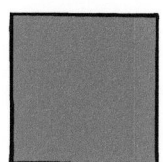

cuadrado
....
tawak'uchu yupa

rectángulo
....
sayt'u yupa

triángulo
....
kimsa k'uchu yupa

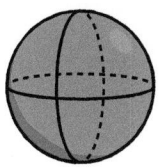

esfera
....
muruq'u

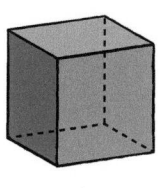

cubo
....
yupa wayru

blanco

yurak

amarillo

q'illu

anaranjado

willapi

rosa

panti

rojo

puka

morado

kulli

azul

anqas

verde

q'umir

marrón

ch'umpi

gris

uqi

negro

yana

mucho / poco

achkha / pisi

enojado / tranquilo

phiña / qhasi

bonito / feo

k'acha / millay

principio / fin

qallariy / tukuy

grande / pequeño

jatun / juch'uy

claro / oscuro

sut'i / tuta

hermano / hermana

wawqi / pana

limpio / sucio

llimphu / ch'ichi

completo / incompleto

junt'asqa / mana junt'asqa

día / noche

p'unchaw / tuta

muerto / vivo

wañusqa / kawsaq

ancho / estrecho

chhuqu / k'ichki

comestible / no comestible

mikhunapaq / mana mikhunapaqchu

malo / amable

sakra / k'acha

entusiasmado / aburrido

kusisqa / majisqa

gordo / delgado

rakhu / tullu

primero / último

ñawpaq / qhipa

amigo / enemigo

masi / awqa

lleno / vacío

junt'a / ch'in

duro / blando

k'urki / llamp'u

pesado / ligero

llasa / chhalla

hambre / sed

yarqhay / ch'akiy

enfermo / sano

unqusqa / qhali

ilegal / legal

chanin / mana chanin

inteligente / tonto

yuyaysapa / upa

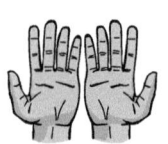

izquierda / derecha

lluq'i / paña

cerca / lejos

qaylla / karu

nuevo / usado

musuq / mawk'a

nada / algo

ch'usaq / imapis

viejo / joven

machu / wayna

encendido / apagado

jap'isqa / wanchisqa

abierto / cerrado

kichasqa / wisq'asqa

silencioso / ruidoso

ch'in / ch'aqwa

rico / pobre

qhapaq / wakcha

correcto / incorrecto

chiqan / mana chiqan

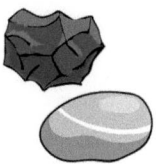

áspero / suave

qhachqa / llamp'u

triste / contento

llakisqa / kusi

corto / largo

k'aka / karu

lento / rápido

jayra / utqay

húmedo / seco

juq'u / ch'aki

cálido / frío

rupha / chiri

guerra / paz

awqay / sunqu tiyakuy

0

cero

ch'usak

1

uno

uk

2

dos

iskay

3

tres

kimsa

4

cuatro

tawa

5

cinco

phichqa

6

seis

suqta

7

siete

qanchis

8

ocho

pusaq

9

nueve

jisq'un

10

diez

chunka

11

once

chunka ukniyuq

12

doce

chunka iskayniyuq

13

trece

chunka kimsayuq

14

catorce

chunka tawayuq

15

quince

chunka phichkayuq

16

dieciséis

chunka suqtayuq

17

diecisiete

chunka qanchisniyuq

18

dieciocho

chunka pusaqniyuq

19

diecinueve

chunka jsq'unniyuq

20

veinte

iskay chunka

100

cien

pacha

1.000

mil

waranqa

1.000.000

millón

junu

idiomas

simikuna

inglés

inklis simi

inglés americano

amerikanu inklis simi

chino mandarín

mandarin chinu simi

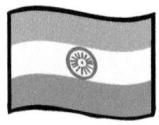

hindi

jindi simi

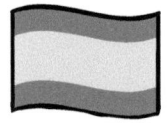

español

castilla simi

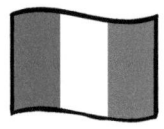

francés

fransis simi

árabe

arabia simi

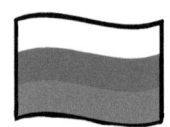

ruso

rusia simi

portugués

purtugal simi

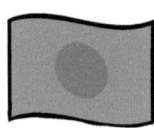

bengalí

bingali simi

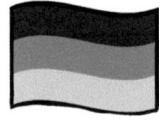

alemán

alimania simi

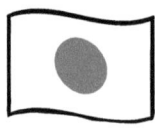

japonés

japun simi

yo

ñuqa

tú

qam

él / ella / ello

pay / pay / chay

nosotros/as

ñuqanchik

vosotros/as

qamkuna

ellos/as

paykuna

¿quién?

¿pitaq?

¿qué?

¿imataq?

¿cómo?

¿imaynataq?

¿dónde?

¿maypitaq?

¿cuándo?

¿mayk'aq?

nombre

suti

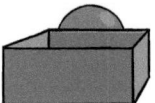

detrás

qhipa

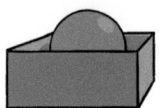

en

pi

delante de

ñawpaq

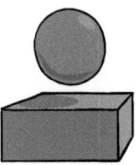

por encima de

pantanpi

sobre

pata

debajo de

uranpi

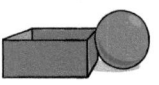

junto a

kuska

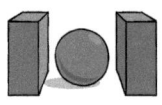

entre

chawpi

lugar

chiqan